LE CIMETIÈRE

DE

LA MADELEINE.

LE CIMETIÈRE

DE

LA MADELEINE;

PAR M***.

A PARIS,

Chez les Marchands de nouveautés.

AN NEUVIÈME.

LE CIMETIÈRE DE LA MADELEINE.

CRUEL ami, eh quoi ! tu veux que ma plume te retrace cette nuit fatale où j'ai vu mon père expirer sur la tombe de son roi ; tu veux que je communique à ton ame la sombre mélancolie qui dévore la mienne ; tu veux enfin que je te conduise au cimetière de la Madeleine ; et qu'évoquant ses ombres éplorées, je réveille la cendre des morts. Pourras-tu soutenir l'aspect terrible de ces apparitions effrayantes ; et si mon récit te pénètre de la même horreur que j'éprouvai moi-même, verras-tu sans frémir l'épouse de Rolland, l'amante de Barbaroux, la fille des Césars, le dernier des Bourbons, sortir de leur tombe et raconter leur déplorable histoire.

Ne crains pas cependant que ces illustres infortunés te demandent vengeance. Ce n'est point en versant du sang que tu leur prouveras tes regrets mélancoliques. Les douces larmes de la tristesse traverseront la terre, et tomberont sur leur cœur ; mais, aux cris réactionnaires, leurs restes inanimés s'indigneroient. Hélas ! du fond de leurs tombeaux, ces vieux amans de la patrie ont entendu les vœux des Français. Paix et pardon, voilà ce qu'ils commandent.

Pardonne au désordre de mon récit, la plume d'un fils désespéré ne peut avoir le langage mélodieux d'un poëte. Si les ergoteurs de journaux, si les idéologues du jour devoient analyser ce récit, je n'oserois l'entreprendre. Comment attendrir des hommes qui n'ont le cœur nulle part, qui, après avoir affiché toutes les opinions, ont fini par n'en avoir aucune, et qui craignent d'applaudir ce qu'un espion condamne.

Nous touchions à la fin de l'année 1787, l'Europe étoit en paix, et celui que l'amour des arts remplissoit de sa sublime exaltation, ne trouvoit aucun obstacle à satisfaire cette noble émulation. Mon père étoit d'autant plus vivement animé de ce sentiment, que son goût renommé pour tous les arts lui avoit fait obtenir la place de directeur des fêtes royales. Possesseur d'une fortune assez considérable, il avoit perfectionné mon éducation par toutes les ressources qu'offroit ma patrie ; mais il voulut qu'observant encore les peuples et leurs coutumes, je pusse joindre à l'étude des livres la connoissance des choses. O mon fils ! me disoit-il souvent, qu'est-ce que la vie ? sans l'amour de l'étude, la jouissance émousse tous les plaisirs ; mais celui que dévore l'amour de l'instruction, voit croître chaque jour ses délices. Enfans d'une active imagination, mille chemins parsemés de fleurs se présentent à ses regards ; tous ses momens sont remplis par une impatience charmante. L'avenir, loin de lui faire perdre le fruit de ses travaux, les augmente de plus en plus. Un vieillard amant n'inspire que du mépris; un vieillard savant commande le respect; il n'est qu'un seul moyen de braver le tems, c'est de montrer aux autres l'utile emploi qu'on en a fait, et ce n'est qu'en répandant autour de lui les lumières de l'expérience, que l'homme peut charmer la dernière saison de la vie.

Les leçons de mon père parloient à mon esprit; mais elles ne disoient rien à mon cœur : l'amour le remplissoit tout entier. Eh!

pouvois-je me décider à quitter la France, lorsque ma chère Amélie ne me suivoit pas. Tu le sais, mon ami, le feu le plus pur brûloit dans nos veines. Tu l'as connue cette femme charmante qui réunissoit l'esprit à la douceur, les graces à la beauté, les connoissances à la modestie. Unis dès la plus tendre enfance, une douce sympathie avoit serré les nœuds qu'avoit commencés le charme de l'habitude. Quelle fut donc mon émotion, en apprenant les nouveaux projets de mon père !

Dévoré d'inquiétude et d'amour, je desirois apprendre à mon Amélie ma résistance au voyage projeté. Pour la première fois, j'allois désobéir à mon père ; mais je me félicitois d'offrir un pareil témoignage de tendresse, et l'imagination exaltée par le sentiment le plus délicieux qu'on éprouve dans la vie, celui d'un premier amour. Je lui adressai la lettre suivante :

« On veut nous séparer, ma bien-aimée ! Un vain desir de gloire égare l'esprit de mon père. Il veut que j'aille chercher des connoissances en des climats lointains. La France ne peut plus suffire à mon éducation, me dit-il ; peu lui importe que je sois malheureux, pourvu

pourvu que je devienne savant. Etrange erreur qui nous fait préférer l'instruction au bonheur, comme si le premier vœu de l'homme n'étoit pas de charmer sa vie par les sensations de l'ame, et non par les subtilités de l'esprit. Ah! que mon père n'a-t-il appris à lire dans mon cœur, il verroit que l'amour est la source de toutes les grandes choses. C'est à ce flambeau sacré que s'allument toutes les nobles passions; c'est en quittant une maitresse adorée que Bayard terrasse Sotomayore; c'est en chantant Gabrielle que le grand Henri IV dompte son royaume, et rentre triomphant dans Paris. L'amour inspire les poëtes, forme les grands hommes et guide les héros... Non, mon Amélie, je ne me séparerai pas de toi. Semblable à la fleur qu'on transplante dans une terre étrangère, et qui tombe sur sa tige, je ne puis vivre désormais sans respirer l'air que respire Amélie.

SAINT-JULIEN. »

Je relus deux fois cette lettre; je me félicitois déjà du plaisir qu'elle feroit à mon Amélie, et j'attendois avec impatience la réponse, lorsque je reçus le billet suivant :

« Votre père a raison, mon ami,

il seroit imprudent de s'abandonner à un seul sentiment ; l'amour peut bien charmer quelques instans de la vie, mais il nous expose à d'étranges regrets; lorsqu'on veut servir son culte exclusivement, le bonheur est préférable à l'instruction ; mais si l'instruction peut seule faire le bonheur, il faut cultiver l'un pour obtenir l'autre. Henri IV chantoit Gabrielle, mais il commandoit en même tems son armée ; et s'il se fût contenté d'adorer sa maîtresse, la France n'eût point eu le modèle des rois. A son exemple aussi, mon ami, partez, cédez aux conseils de votre père, et dites-vous sans cesse, Amélie me voit ; plus je serai célèbre, plus elle m'aimera, chaque succès m'obtiendra une faveur. Il est si doux d'honorer ce qu'on aime par un mérite distingué.

AMÉLIE. »

Surpris d'une pareille lettre, je formai mille conjectures. Les réflexions les plus cruelles m'assiégèrent. Eh quoi ! disois-je, est-ce ainsi que l'on paie l'amour le plus vif ? Amélie discute, quand il est question de sentir. La justesse de ses raisonnemens me prouve la foiblesse de son amour. Me serois-je trompé ? et le cœur de mon Amélie ne seroit-il pas fait pour le mien ? mais il y avoit une telle différence entre le ton de cette lettre, et celui de nos conversations, que je me flattai que ce langage étoit un sacrifice. Pour me convaincre de cette consolante vérité, je tâchai de la surprendre. Dieu ! quelle fut mon émotion ! en entendant la voix touchante et plaintive de mon Amélie ! elle étoit à son piano. Ses beaux yeux se remplissoient de larmes, en s'élevant au ciel, comme pour l'implorer ; ils me parurent animés d'une telle expression de douleur et de contrainte, que je sentis mon ame s'élever ; et le charme de la mélodie ajoutant à mon ravissement, je me sentois agité d'un sentiment jusqu'alors inconnu. En effet, comment résister à ces douces paroles?

ROMANCE.

Il va partir celui que j'aime,
L'honneur l'appelle en d'autres lieux;
L'honneur est un tyran suprême,
L'amour doit céder à ses vœux.
Mais si j'immole ma tendresse,
Si je dois lui cacher mes pleurs;
Ces lieux témoins de ma tristesse
Retentiront de mes douleurs.

L'amour des arts et de l'étude
L'appelle en de lointains climats.
Charme secret de l'habitude ,
Quel cœur ne te regrette pas!
Mais si j'immole ma tendresse ,
Je dois aussi cacher mes pleurs ;
Ces lieux témoins de ma tristesse
Retentiront de mes douleurs.

En ces lieux il m'a dit, je t'aime :
Ma bouche a fait le même aveu.
O doux espoir! bonheur extrême
Finirez-vous par un adieu !
Faut-il qu'à ces momens d'ivresse
Succède un si funeste jour ?
Ah! je mourrai de ma tristesse ,
Si je ne vis plus pour l'amour.

Amour, je jure en ta présence
De ne point lui manquer de foi!
Pendant les jours de son absence
Je viendrai pleurer devant toi!
Je te dirai, vois ma tendresse,
Hâte l'instant de son retour,
Fais moi mourir de ma tristesse,
S'il ne vit plus pour mon amour.

Je ne pus résister à mon émotion, des soupirs échappèrent de mon sein; Amélie m'aperçoit, sa figure se colore, son sein s'agite; elle me fixe, sa bouche commence un reproche; mais ses larmes l'empêchent d'achever, et je m'élance à ses genoux : ô ma bien-aimée ne crains point de lâches soupirs ! ton ame toute entière a passé dans la mienne ; oui, je t'imiterai, je sacrifierai l'amour à mes devoirs ; mais je ne m'éloignerai de toi que pour en être plus digne ; j'imiterai ces preux chevaliers qui se plaisoient à courir mille dangers, pour honorer leur dame : la beauté doit être le prix du courage et des talens ; ce n'est point avec de l'or que l'on doit obtenir la plus belle. O sexe enchanteur ! sois l'objet de notre émulation, embrâse-nous de l'amour de la véritable gloire, que les hymens ne soient plus des marchés, qu'ils deviennent des récompenses, et ce que n'auront pu faire les menaces des despotes ou les guinées des ministres, un seul regard de la beauté le fera naître. O femmes! source des vrais délices, c'est à vous qu'il appartient de changer les préjugés qui gouvernent la terre; la distribution de vos faveurs peut devenir le creuset des nations; il dépend de vous de faire préférer le mérite à l'opulence, choisissez les p lusvaillans et les plus vertueux.

Amélie parut enchantée de mon exaltation; oui, mon ami, me dit-elle, en jetant sur moi un regard rempli de tendresse et de douleur, l'amour vrai veut des sacrifices, il n'appartient qu'aux amans ordinaires de céder à leurs premiers desirs. Les dangers nourissent les grandes passions, et le bonheur est rarement dans le repos d'un amour promptement satisfait. Vous êtes nés pour offrir à votre pays un homme distingué. Quel reproche n'aurois-je pas à me faire, si l'amour qui doit seconder les beaux sentimens les avoit éteints dans votre ame ? eh ! que répondrois-je à votre père s'il me reprochoit d'avoir détruit ses espérances ? Revenez constant, vous me trouverez fidelle, et l'amour sera la récompense de vos travaux et de mes sacrifices.

Ainsi, plein d'espérance, je me rendis aux vœux de ma maitresse et de mon père, je m'éloignai de ma patrie. La main d'Amélie devoit être le prix des tourmens de l'absence et des dangers du voyage.

Je ne vous ferai point le récit des longues observations de mes courses; par-tout les hommes sont les mêmes, la nature les a créés égoïstes, intéressés; et si l'état de société n'a pu les rendre meilleurs, il sert du moins à couvrir leurs vices par la réciprocité des convenances. L'européen vous trompe par

par les subtilités de l'esprit ; le sauvage par les ressources de la force : l'un vous défie à l'épée, parce qu'il est adroit à l'escrime ; et l'autre d'un coup de massue vous étend dans le sable du désert.

Je touchois au terme de mon voyage ; impatient d'abandonner des climats dont l'éloignement fait tout le mérite, je sentois mon cœur battre de joie en pensant que j'allois revoir ma patrie, un père chéri, une maitresse adorée, le plus beau site de l'univers ; quelle source de délices ! quelle sublime récompense ! Oh ! qu'alors je me félicitois de mes sacrifices ! que je me trouvois heureux d'avoir cédé à la voix d'Amélie!

L'habitude d'observer, le mépris que j'avois conçu pour les étrangers, cette idée unique de revoir la France et d'y mourir en paix, tout me rendoit moins communicatif; cependant j'appris que ma patrie étoit en guerre. J'entendis murmurer quelques mots de révolution ; mais l'expérience m'avoit appris l'exagération des voyageurs, et je savois que la classe la plus éloignée du gouvernement est presque toujours celle qui se plaît à débiter des mensonges politiques; ainsi je me refusai à entendre tous les rapports des voyageurs, et j'arrivai en France en l'an 1793 sans connoître l'étonnante révolution qui depuis quatre ans avoit ensanglanté ma patrie !...

Non ! je ne saurois dépeindre mon émotion, en voyant ce peuple armé et farouche ! Sont-ce bien des français ? me disois-je à chaque instant du jour ! J'étois loin de prévoir les récits affreux que j'allois entendre de la bouche même de mon père.

En approchant de Paris, mille sentimens assiégeoient mon ame ; je connoissois la sensibilité de mon père, son dévouement à la famille de ses bienfaiteurs; et l'exaltation de son ame au milieu d'une révolution orageuse me retraçoit mille dangers. Les questions importunes de cette multitude de français changés en sbires, et me demandant sur la route mes passe-ports et le motif de mon voyage, tout cela me paroissoit aussi ridicule qu'atroce; et comme on répandoit que cet esprit de vertige augmentoit encore à mesure qu'on approchoit de Paris, je me décidai à n'entrer dans cette ville qu'au milieu de la nuit.

La lune cachée par un nuage ne jetoit sur ma route qu'une lumière incertaine et vacillante. A cette clarté, ou plutôt à l'aide de mon imagination, je distinguai les hauteurs de Paris.. Mon impatience redouble, je presse mon postillon ; nous sommes à la barrière, on nous arrête. Quelle fut ma surprise ! un homme vêtu comme un matelot, la tête couverte d'un bonnet rouge, me demande *où vas-tu ?* Le son de cette voix, la singularité de ce costume redoublent ma surprise, je connoissois cet homme ; mais quelle apparence de trouver à la barrière de Paris un avocat célèbre et de le voir transformé en fusilier. Quelques hommes de la patrouille s'avancèrent ; ils portoient des torches allumées, et je reconnus la vérité de mes premières conjectures. Le factionnaire qui venoit de m'interroger d'une manière aussi incivile étoit vraiment un émule de Cicéron, et comme je témoignois ma surprise en murmurant quelques mots sur cette étrange rencontre, mon postillon m'entendit, et me dit en recevant le prix de sa course : Ne vous étonnez pas, la France est sous *la faction des avocats.*

Interdit et confus, pouvant à peine concevoir tout ce que je vois, tout ce que j'entends, je crois être dans cet état qui suit un profond sommeil!... Veillé-je?... quelle est mon ivresse! Comme un nouveau don Quichotte, suis-je dans un pays imaginaire? quelle comparaison puis-je faire entre le Paris que j'ai quitté et celui que je retrouve? d'où vient cet avocat a-t-il pris le costume du peuple? que signifie ce nouvel idiôme qu'il emploie? pourquoi le silence, la terreur et l'effroi paroissent-ils m'environner? Au refrain joyeux des vaudevilles ont succédé les hymnes féroces: à quelle divinité barbare ma patrie a-t-elle immolé son génie? O Dieu! explique-moi ce terrible mystère, et tire mon esprit du doute affreux qui le poursuit et le dévore.

L'horizon étoit tout-à-fait obscurci ; la lune, enveloppée dans des nuages noirs, refusoit la lumière à la terre ; l'obscurité qui m'environne ajoute à la triste situation de mon esprit : un nouveau sentiment m'agite : j'ai refusé longtems d'entendre les étrangers raisonner sur mon pays, maintenant une insurmontable curiosité me tourmente. Avant de revoir mon père et ma maitresse, je voudrois tout apprendre : un cruel pressentiment m'agite, je me blâme de la singularité de ma conduite ; mon esprit trop confiant n'a rien voulu croire, mon imagination effrayée ose tout créer. Pour échapper à cet état d'agitation, je forme le projet de ne point descendre chez mon père ; il me sera facile de tout apprendre et de lui épargner mes demandes indiscrètes..... Mais.... je sens mon cœur ému ; eh quoi ! privé depuis six ans de la vue d'un père adoré, je pourrois retarder moi-même l'instant de l'embrasser ! quelle sotte frayeur m'arrête ?.... Si des crimes ont été commis, il ne les a point partagés, la révolution ne fait point changer les hommes vertueux ; quelques momens d'orage n'empêchent point l'être reconnoissant d'adorer son créateur. Au milieu du choc des passions et du renversement général, l'homme probe doit rester constamment le même : les jours de l'inquiétude passeront ; les jours de la récompense seront éternels.

Cependant je ne pouvois résister à mon impatience et à ma curiosité : j'ordonnai à mon domestique de conduire ma voiture à la maison de mon père, au coin du boulevard, près l'église de la Madeleine. Je descendois de voiture comme mon postillon répéta, d'une voix effrayée et tremblante : *C'est là qu'est le fameux cimetière !*

Ces paroles retentirent long-tems dans mon cœur ; plus je voulois les chasser de mon esprit, plus elles se répétoient : étrange effet d'une imagination frappée ! A la Madeleine ! un fameux cimetière ? me disois-je : ainsi mon père aura été le témoin de ces scènes lugubres et terribles.

Eh quoi ! ces superbes allées qui entourent l'enceinte de cette ville, ces brillantes avenues auxquels on a donné le nom de la demeure des Dieux, ces lieux consacrés à la magnificence, seroient-ils donc devenus un objet de terreur; et cette perspective riante du palais de nos rois, et de cette place illustrée par un monument à la gloire de Louis XV, n'offriroit-elle maintenant que l'aspect hideux des tombeaux et des ossemens.

Je marchois toujours et je distinguois à la clarté de cette longue chaîne de lumière, qui s'étend depuis la barrière Chaillot jusqu'au Tuileries, la grande cité, l'objet de mes plus doux souvenirs, et de mes plus chères espérances! Que cette brillante perspective annonce bien la demeure des rois, m'écriai-je; ces arbres antiques et touffus

touffus dont la cime se balance légèrement, le murmure de la Seine, les jardins somptueux où les ressources de l'art surpassent les beautés de la nature, tout ajoute à mon ravissement, et je m'arrête un moment pour contempler le magnifique tableau qui m'environne. Si l'étranger sent son ame élevée en admirant, pour la première fois, le plus bel aspect de l'univers, combien ne devoit pas être ému celui qui, après six ans d'absence, alloit embrasser son père et épouser sa maîtresse.

Malgré l'émotion que j'éprouve au milieu de ce site magnifique, je ne puis chasser de mon ame toutes les craintes qui l'oppressent. J'entends un grand tumulte; des hommes armés traînent un homme; ils le menacent; et pour la première fois, j'entends un nouveau mot ajouté à la langue française; plusieurs voix répètent : *à la guillotine ! à la guillotine !* J'étois bien loin d'entendre la signification de cette apostrophe !.. Mais le groupe approchoit ; je profitai de l'obscurité des Champs-Elysées, et je me tapis derrière un arbre.

Depuis que j'avois quitté la barrière, l'heure des patrouilles avoit sonné ; et dans ce moment, mon avocat, à la tête de plusieurs hommes armés, rencontra les soldats qui faisoient tant de bruit. — Qu'est-ce donc, camarades, dit le moderne Cicéron ; ose-t-on attenter à la sûreté publique? — Nous venons d'arrêter cet homme ; il rodoit autour *du cimetière de la Madeleine.* — Du cimetière de la Madeleine, répéta toute la troupe, d'une voix indignée ; c'est un conspirateur : — *A la guillotine !*

Je ne saurois dépeindre ce que j'éprouvai. Sont-ce des Bedoins qui m'entourent? que veulent dire ces cris féroces?.... La troupe étoit placée sous un réverbère, et je distinguai la figure du prisonnier; il étoit de l'âge de mon père; j'éprouvai un pressentiment affreux. Seroit-ce lui, le retrouverois-je au milieu d'une troupe d'assassins !... Ah ! si l'on osoit attenter à sa vie, je péririois pour le défendre. Le prisonnier parla, et ma crainte disparut; mais je fus touché de la tristesse répandue sur la figure de ce vieillard; il ne prenoit pas la peine de se défendre. Je suis coupable, disoit-il, j'ai été pleurer sur le tombeau de mon fils. N'avez-vous pas rompu tous les liens de la nature? Tout ce que le ciel ordonne n'est-il pas défendu par vous ? Quel est l'innocent que vous ne trouverez pas coupable ? Quel est le coupable que vous ne trouverez pas innocent ? Eh bien ! achevez votre ouvrage ; vous avez égorgé mon fils, unissez mon sort à sa destinée. Je ne vous demande qu'une grace, frappez-moi sur le tombeau de mon fils, que ma cendre s'unisse à la sienne ; accordez à notre famille l'honneur de dormir *au cimetière de la Madeleine.*

Des vociférations répondent aux sanglots du vieillard; on l'entraîne ; et parmi les voix menaçantes, je distingue celle de mon avocat : *Citoyens, citoyens, il faut tout immoler au salut public ; tout est changé ; nous sommes en révolution !* et toute la bande répéta en jurant : *Nous sommes en révolution !*

Je demeurois appuyé contre l'arbre des Champs - Elysées ; j'étois frappé d'étonnement , de fureur. Le nombre de mes pensées m'ôtoit la faculté de sentir toute ma peine , et je restai un moment immobile dans un état d'anéantissement plus terrible, plus cruel à supporter que le désespoir même.

Tout ce que je venois de voir et d'entendre augmentoit encore mon impatience. Le sort de mon père me faisoit trembler; et la sensible Amélie, vais-je la retrouver pleurant la mort de sa famille. Quelle doit être la situation de ces cœurs sensibles au milieu des bêtes féroces que je viens d'entendre? Les rugissemens du tigre étouffent les tendres accens de Philomèle.

En quittant les Champs-Elysées, je me trouvai sur la place Louis XV; je me félicitois du plaisir de me reposer un moment au pied de la statue du grand Louis XIV. L'imagination remplie de la gloire du siècle où ce monarque, digne protecteur des arts, avoit encouragé Corneille, Racine, Molière et

Boileau, je m'avançois, le cœur gonflé d'un tristesse que je croyois calmer par ce brillant souvenir. Mon père m'avoit tant de fois entretenu de ces tems où la France n'avoit point de rivale, qu'en me rappelant sa sublime exaltation, mon ame la partageoit toute entière. Pénétré de ces sentimens, je m'approche ; une sentinelle me crie : — *Qui vive ?*... Interdit par une telle apostrophe, je me recule. Un homme, enveloppé d'un manteau, passe à côté de moi : — Prends garde à toi, me dit-il, n'approche pas de cet instrument de mort ; redoute la guillotine, c'est le nouveau trône de ceux qui nous gouvernent. Cet homme s'éloigne ; mais ces paroles mystérieuses, le ton avec lequel il les avoit prononcées, tout redoubla ma curiosité, et je courus à lui. Monsieur, lui dis-je, excusez un étranger, et dites-moi, je vous prie, quel est le nouveau monument qui remplace la statue équestre de Louis XIV ? — On te l'a dit ; c'est la guillotine. — Cette réponse ne m'apprend rien, répliquai-je ; j'ignore ce qu'est une guillotine. — O mon ami ! juge de ma surprise, et bientôt de mon effroi : cet homme au manteau se retourne avec vivacité, et s'élance dans mes bras : Tu es un honnête homme, me dit-il ; tu ne partages point les crimes de ceux qui nous gouvernent ; tu blâmeras sans doute cette canaille féroce, gorgée de sang et de vin, qui s'attache après l'échafaud comme le lierre autour de l'arbre ; tu n'as point pour épouse une de ces tricoteuses de tribunes qui s'approchent du bourreau au moment que le sang jaillit sur les pavés. O brave jeune homme ! tu es étranger ! Eh ! qui t'amène vers nos cités ensanglantées ? Ah ! si ton père est vertueux, tremble pour ses jours, frémis qu'il ne devienne aussi la proie du fatal intrument dont tu ignores encore la sanguinaire exécution... En ce moment, il tourna ses regards du côté de la sentinelle : Vois-tu, me dit-il avec une espèce d'égarement, vois-tu ces planches rangées en tréteaux? vois-tu cette hache luisante qu'éclaire la lumière de l'astre de la nuit, et qui porte jusqu'à nous ses reflets mélancoliques. Eh bien ! ce couteau, encore teint de sang, il moissonne chaque jour les plus augustes victimes. Semblable au fléau destructeur que l'Afrique et l'Asie ont quelquefois apporté dans nos ports, il n'épargne ni la vieillesse, ni l'enfance, ni les talens, ni la vertu, et notre bon père de famille, notre roi... En ce moment, la sentinelle répéta sa cruelle interrogation; et au cri redoublé de *qui vive ! qui vive !* je vis s'éloigner ce malheureux étranger, emportant à la fois mes regrets et mon estime.

Je voulus répondre à la sentinelle; mais ma langue s'embarrassa. J'avois la bouche sèche et amère; un froid mortel se répandit dans toutes mes veines, et je marchai devant moi sans former de dessein, et je ne m'arrêtai que sur le parapet du quai qui borde la Seine. Là, je repris haleine; mes yeux se perdoient

perdoient sur cette masse énorme de bâtimens, dont les lumières reflétoient sur la Seine. Le silence qui règne autour de moi, l'obscurité de la nuit, les nouvelles alarmes qui se pressent pour entrer dans mon cœur et l'assiéger de leur amertume, tout redouble ma tristesse; mais je suis trop accablé pour soulager mon cœur par un projet de vengeance. J'ignore quels sont les bourreaux de ma patrie; mais je ne puis douter qu'elle est au bord du précipice. Le destin de mon père, celui d'Amélie, se présentent mille fois à ma pensée. Muet, immobile, je sens mes yeux se mouiller de larmes, et mon cœur se dégage du poids de ses peines, en pleurant un moment sur des objets aussi chers.

La nuit s'avançoit; j'avois tout à craindre en retardant encore. Je me glissai le long des maisons de la place Louis XV, pour éviter le *qui vive* de la sentinelle; et en m'éloignant de cette nouvelle machine, inventée pour la destruction de l'homme, je précipitai mes pas. Ainsi, le voyageur, surpris au milieu d'une forêt, ne respire qu'au moment qu'il a gagné la grande route, et qu'il apperçoit les feux hospitaliers. Revenu de cette impétueuse frayeur, prêt à rentrer sous le toit de mon père, je sentis renouveler toutes mes douleurs, en contemplant le silence qui régnoit autour de moi. En découvrant ces vastes allées, rangées des deux côtés des bâtimens, et qui forment les boulevards, je me rappelai la bruyante allégresse dont j'avois été le témoin avant mon départ.

Vrais enfans de Momus, les Français, à cette époque, troubloient la paix des nuits par les refreins de leurs vaudevilles; l'astre qui préside au malheur, et dont la lumière sombre inspire la mélancolie, ne pouvoit les distraire de leurs chansons malignes. Un rien, un mot suffisoit pour animer tous les groupes de cette gaîté qui distingua si bien la nation française. Que sont devenus ces chars élégans qui transportoient les danseurs fatigués et les courtisanes à la mode ? Je n'entends plus les concerts des amans, les cris des valets au milieu de la plus brillante ville de l'Europe ; je crois être dans les déserts d'Afrique.

J'entends l'oiseau sinistre dont le cri lamentable annonce la demeure des morts. Mon imagination me retrace son épouvantable figure ; ses yeux noirs, son bec recourbé, se présentent mille fois à mes yeux : je suis à-la-fois tourmenté, par ce que j'entends, et par ce que je ne vois pas. Cependant j'arrive à la demeure de mon père : oh ! quelle émotion j'éprouve ! Qu'il est à plaindre, le voyageur, lorsque, pour prix de ses fatigues et de sa patience, il vient encore entendre les chagrins de sa famille et les malheurs de sa patrie ! Tous les souvenirs se présentent à-la-fois. Le nom du cimetière de la Madeleine vient encore retentir jusqu'au fond de mon cœur. J'aperçois d'immenses colonnes, dont les formes régulières m'annoncent l'architecture moderne, imitant les ordres antiques : un chaume couvre cette église inachevée, et mon délire me crée mille fantômes. Que fait mon malheureux père? d'où vient l'affreux frissonnement dont mon cœur est oppressé? Suis-je coupable, pour trembler ainsi? et l'homme juste ne doit-il pas toujours conserver le courage qui sied à la vertu? La terreur a-t-elle donc étouffé pour jamais l'amour pur dont je brûlois avant mon départ? Ai-je pu oublier cette source de délices où j'ai puisé le courage? Allons, l'homme est né pour le malheur : cette vie est la dette la plus cruelle que le créateur nous impose, et la pensée ne nous fut donnée que pour nous aider à supporter des maux seulement réservés pour l'être orgueilleux qui se nomme le roi de la nature. Le petit ver trouve sa subsistance dans le sein de la terre qui le fit naître, tandis que l'aigle plonge dans la nue, et souffre de la faim, jusqu'au moment où ses serres ensanglantées enleveront le timide oiseau des champs. La petitesse est le toit qui nous met à l'abri de l'orage ; et quand les vents du nord épouvantent la terre, l'arbuste plie et le cèdre est abattu. Après une tempête, les vallons portent la dépouille des arbres antiques; tandis que, du sein des marais, on voit s'élever encore les joncs et les roseaux. Cependant je pénètre dans cette demeure, autrefois si chère : après avoir vu le mystère et la terreur sur le visage des domestiques, le vieux Picard, celui qui m'avoit élevé, me conduisit dans la chambre de mon père : garde-toi d'interrompre son sommeil, me dit le bon serviteur; il ne tardera pas à se lever. Une lampe de veillée jetoit autour de moi une lumière pâle et vacillante. Mon père reposoit.

Dieu ! que j'étois ému en le revoyant ! mais quel affreux changement ! la douleur plus destructive que le tems a sillonné tous ses traits ; son corps repose, mais son ame fatigue, sa poitrine s'agite, sa figure se colore ; un grand mouvement s'est fait en lui. O songes indiscrets ! qu'allez-vous me révéler ; vous me préparez à de terribles confidences : l'homme coupable paroît moins agité que mon père... Que vais-je apprendre ! mais, silence, le sommeil a déchiré le voile qui couvre le cœur des mortels... J'entends déjà des sons mal articulés... Il a prononcé mon nom :

— *O mon fils !.. ô Saint-Julien !..* dit-il en étendant ses bras comme pour me recevoir, viens partager ma douleur ; suis-moi dans le cimetière de la Madeleine ; viens pleurer sur d'augustes cendres !... Il fit un mouvement, et retomba dans un accablement profond. J'étois attentif ; je voulois deviner sa pensée ; je voulois me jeter dans ses bras, pleurer avec lui ; mais je me rappelai ce que m'avoit recommandé le vieux Picard, et je demeurai dans la même position. — Il s'agite encore ? Non, disoit-il... non... je ne reverrai plus mon fils : les Français ne sont plus que des sbires ; ils arrêteront mon fils ; il n'arrivera pas jusqu'à moi ; sans doute, il gémit dans quelques cachots. O mon fils !.. mon cher fils !.. Je ne résistai point à ce dernier cri ; il pénétra trop avant dans mon cœur ; et par un mouvement aussi prompt que l'éclair, je m'élançai dans ses bras !.. O mon père ! m'écriai-je, quelle sombre mélancolie vous agite ! le malheur a-t-il épuisé sur vous tous ses traits ? Reconnoissez-moi : votre fils vous est rendu pour pleurer avec vous, pour vous défendre et vous suivre jusqu'au fond des cachots ou des tombeaux !... Mon père n'ose en croire ses yeux ; il me considère, il pleure, toute son ame est à moi ! mais il ne peut parler ; sa figure est languissante : cependant, il me presse avec force ; l'amour paternel vient de retremper son ame.

Ses mains s'attachent autour de mon corps, comme le lierre autour de l'arbuste ; ses lèvres sont imprimées sur mes joues. Tout-à-coup la cloche sonne, il s'échappe de mes bras : Voici l'heure, me dit-il, ô mon fils ; tu veux connoître la cause de mes chagrins, tu veux les partager, et ton cœur en est digne ; prépare ton ame au recueillement, et suis-moi..... Interdit, épouvanté,

épouvanté, je n'ose l'interroger, et plus j'observe ses mouvemens, plus je suis inquiet. Sa démarche est égarée, ses yeux demeurent fixés, et des larmes s'échappent malgré lui. Où me conduisez-vous, ô mon père? votre désespoir m'épouvante. — Conserve toutes les forces de ton ame, me répondit-il avec vivacité; et si tu veux revoir tout ce que tu as aimé, suis-moi. Alors, il prit une lanterne sourde. J'éclairerai ta marche, ajouta-t-il; tandis que tout repose autour de nous, et qu'un voile obscur s'est répandu sur toute la nature, ô mon fils, profitons des ténèbres, prions l'astre des nuits de nous envelopper de son manteau, que rien ne trouble le devoir pieux que je me plais à remplir. Lorsque tout est renversé, quand le crime a pris la place de la vertu, ce n'est qu'au milieu des tombeaux qu'une ame vertueuse peut trouver le bonheur. Allons honorer les cendres des victimes de la terreur ; et tandis que les rois ont vu tranquillement assassiner leurs semblables, tandis que la noblesse française balbutie des conjurations dans l'antichambre des ministres, tandis que de plats écrivains, que d'infames romanciers déshonorent leur maître, en feignant de les plaindre, allons du moins offrir sur leur tombe les regrets et les pleurs de l'homme juste...

Sa douleur avoit un ton si pathétique et si solemnel, que je me sentis entraîné, et je le suivis sans oser ajouter une parole. C'étoit un spectacle bien triste pour mon cœur de voir, après six ans d'absence, le désespoir d'un père chéri. Jamais fils n'avoit été plus tendrement aimé. Quel étoit donc l'excès de cette douleur.

Nous traversâmes des détours obscurs, et à l'assurance de mon père, je devinai qu'il visitoit souvent ces sombres demeures. Que vais-je donc apprendre, me disois-je? Quel terrible mystère veut-il me découvrir ? Nous avancions toujours, mon père ne parloit pas, et moi-même je n'osois interrompre le lugubre silence qui régnoit autour de nous. Une curiosité douloureuse me tourmente, mes regards se précipitent de tous côtés, l'obscurité redouble, et je ne découvre rien. Cependant l'air est moins vif, son cours est changé; un toit nous couvre, mon père ne marche plus, il est à genoux, j'entends les soupirs de la prière : nous sommes dans l'église de la Madeleine, une petite lampe éclaire ce vaste édifice ; et l'écho me paroît si subtil qu'il répète même le murmure de nos prières. Pénétré d'une terreur religieuse, je me prosterne, j'invoque la divinité : Jette un regard bienfaisant sur le destin de mon père, ô mon Dieu, m'écriai-je ; l'exemple le plus utile que l'on puisse donner aux mortels, c'est le bonheur de l'homme vertueux. N'épouvante pas davantage par le tableau du vice triomphant. Règle les passions des hommes, comme ta main savante a réglé les globes qui demeurent suspendus sur nos têtes. Après avoir assuré ta gloire et ta magnificence par la création du monde physique, préside à l'ordre du monde moral, arrache tout prétexte à l'impie, que ta justice ne soit plus un mystère, et qu'un voile éthéré ne cache plus à nos regards tes récompenses ou tes punitions célestes.

Profitons des instans, me dit mon père en se relevant; sortons de ces lieux, et rends graces à l'obscurité; elle épargne à ta vue le spectacle hideux de la brutalité de nos ennemis. Les baïonnettes ont renversé les autels de notre Dieu, les tableaux saints portent encore l'empreinte de leur férocité; les débris de ce vaste instrument, de l'orgue antique et majestueuse, dont les sons larges et mélodieux remplissent l'ame d'une sublime exaltation, ne servent maintenant qu'à faire voler la mort vers les camps ennemis. En vain l'artiste célèbre a cru déposer dans le temple de Dieu, le témoignage de son talent, ce tableau saint qui devoit porter son nom aux siècles reculés, cette image intéressante de la mère de Dieu, tenant son enfant sur son sein, rien n'a été respecté, et, pour mieux en détruire la trace, des feux l'ont élevé dans les places publiques, et tandis qu'une bande populacière trépigne et saute, le vent porte jusqu'aux cieux les restes enflammés de ces peintures divines : vois-tu ces planches entassées aux pieds de ces larges colonnes, eh bien ! elles formoient autrefois une chaire éloquente ; là, Massillon et Bourdaloue ont entendu répéter la morale pure de l'évangile ; c'est en montrant leurs doctes et sublimes leçons, que plus d'un méchant a renoncé à ses projets criminels ; c'est de là que des prêtres célèbres ont porté la vérité jusqu'aux pieds du trône, et gourmandoient publiquement les désordres de la cour. Qui remplacera ce frein légitime et sacré ? Quel homme assez osé pour rappeler maintenant nos maîtres à la vertu ? les feuilles stupides de nos journaux pourront-elles remplacer les sermons éloquens et sévères du vertueux Bourdaloue ?

Mon père prononça ces paroles d'un ton si pénétré, que je l'écoutois avec un religieux silence : il marchoit devant moi, et je le suivis, encore plus agité par tout ce qui m'environnoit.

En sortant de l'église de la Madeleine, j'apperçus une voûte éminente ; un mur inégal paroissoit en dérober l'entrée : nous nous glissâmes le long de ce mur, et, profitant du ravage que le tems et l'orage avoient fait à l'un des angles, mon père pénétra facilement dans l'intérieur. A peine est-il entré, qu'un soupir profond s'échappe de son sein ; il s'arrête, je veux aller à lui, mes pieds s'embarrassent, je cherche à reconnoître ce qui s'oppose à mon passage, je le fais rouler sous mes pieds pour mieux le distinguer, Dieu !... quelle est ma surprise et mon effroi...., ce sont des ossemens !... : dans mon impatience j'en ai saisi un d'une forme ronde, c'est une tête de mort !... Respectez les restes du malheur, ô mon fils.... nous sommes dans le cimetière de la Madeleine; ici ne reposent point ces foibles jouets de la destinée, qu'une mort ordinaire a frappés; sous ces monticules de terre dorment à jamais les victimes de la révolution; nous sommes au milieu de tous ceux que la hache de la guillotine a frappés, et quand nous pleurons sur ces augustes victimes, il n'est pas une famille qui ne se joigne à nous. Epouses, mères désolées, nous foulons la cendre de vos fils, de vos époux. Que toute la nature soit en deuil; plaisirs indiscrets des cœurs frivoles, cessez vos bruyantes déclamations; ô peintres, quittez vos pastels, prenez la touche sombre et mélancolique de Raphaël, et transmettez à la postérité les horreurs qui nous environnent. O ! sombre Hervey, viens méditer avec nous sur ces augustes morts ! Fils d'Ossian, entonnez les chants farouches, faites vibrer les cordes de votre lyre, et que leurs sons prolongés dans les montagnes, éveillent à-la-fois les hommes et les troupeaux. O ! divin Shakespear, que ta cendre se réveille, ce ne sont plus les malheurs d'une famille qu'il faut nous peindre, ce sont les tourmens d'une nation : rassemble toutes tes forces, un poète a toujours la voix d'un Stentor,

stentor ; les mondes retentissent de ces chants lugubres et terribles. Pour peindre des malheurs surnaturels, il faut ton désordre à-la-fois éloquent et farouche. Et toi, être des êtres, qui planes au-dessus de nous; toi qui demeures dans le ciel, et qui as fait la terre, puissant créateur, n'es-tu pas épouvanté ; tu vois le cimetière de la Madeleine, et tu ne l'engloutis pas ! Ah ! refais le néant, et qu'un être moins criminel que l'homme sorte enfin de tes mains ! L'artiste célèbre voit un défaut dans son talent, son orgueil s'indigne, il déchire la toile et brûle son ouvrage ; imite sa sublime exaltation, refais le monde, et que le souvenir des crimes qui déhonorent la France soit anéanti pour jamais !

En achevant cette terrible invocation, mon père se reposa sur un banc de pierre : Viens, mon fils, me dit-il, et prête-moi une oreille attentive.

A l'époque de ton départ, la France paroissoit heureuse, cependant l'orage fermentoit, l'état épuisé avoit besoin d'une trempe nouvelle ; un monarque orgueilleux et fier eût doublé les impositions, et confiant à sa pensée seule les dangers de la patrie, des mesures terribles auroient tendu les ressorts politiques, que la foiblesse laissoit flotter trop long-tems. Un roi sensible et modeste, inquiet sur le sort de ses enfans, se défioit de ses lumières; et, craignant l'égoïsme de la cour, auroit appelé à lui les sages de la nation, et plongeant une main prudente dans la blessure de l'état pour mieux la guérir, il eût voulu en connoître toute la profondeur; c'est ce que fit Louis XVI. Ceux qui le pleurent accusent sa foiblesse: Eh! depuis quand la bonté est-elle un crime? Eh! reprochez donc à la divinité de tenir sa foudre suspendue toutes les fois que vous outragez sa puissance ! La bonté, le plus beau partage de tout être fort, doit-elle être ainsi calomniée ? Ecrivains imprudens, ne frémissez-vous pas des leçons que vous donnez à tous les gouvernans ! Ainsi, quand la verge du pouvoir vous fouettera injustement, quand votre asile sera violé, quand vous serez précipités dans les cachots, quand la mort même sera suspendue sur vos têtes, ne vous plaignez plus, et rappelez-vous que vous avez calomnié Louis XVI en accusant sa bonté.... O monarque déplorable ! O père infortuné ! est-ce ainsi que l'on doit honorer ta mémoire, et pleurer sur ta cendre? Oui, tu fus bon; oui, tu aimois le peuple comme un père aime son enfant, aux jours où les graces de la foiblesse et du premier âge le rendent encore plus intéressant. L'échafaud fut le prix de ta vertu. O! français! n'est-ce pas assez d'avoir été cruels pendant sa vie; ne soyez pas injustes après sa mort.

Louis XVI rassembla près de lui tous ceux dont les conseils lui parurent utiles: ce monarque confiant déposa dans leur sein ses secrets et ses peines; il croyoit être au milieu de ses enfans ; mais on n'épioit ses secrets que pour mieux l'accabler ; on n'entendit le récit de ses peines que pour les augmenter encore : ses courtisans le trahirent, ses parens conspirèrent, et le peuple l'assassina. Toujours balotté entre la nécessité de prendre des mesures sévères, et le danger des guerres civiles, sa faute fut d'hésiter : enfin, il voulut quitter un peuple qui le comprenoit si peu, et cesser de commander à qui ne savoit plus obéir : un maître de poste de Varennes, fameux par ses crimes, le fit reconduire à Paris. Il regagna son palais, ou plutôt il entra dans une prison fastueuse : le peuple l'attaqua jusque dans son asile ; ses gardes moururent à côté de lui. Etonné de leur nouvelle victoire, ses ennemis voulurent essayer ses forces, et donner à l'univers surpris le spectacle d'un roi captif au milieu de ses sujets. Tandis que sa vie étoit menacée, l'Europe faisoit de la diplomatie. Une majorité de cinq hommes le conduisit à l'échaffaud, et la hâche fit tomber ce front pâle et découronné... O ! mon fils ! suis-moi... prosterne-toi sur cette terre ; ce gazon est mouillé du sang du premier père de famille du royaume ; c'est là que repose la cendre immortelle de ce juste ... Non.... elle ne se confondra pas avec celle des Danton et autres scélérats ; les restes de l'honnête homme ne se mêleront pas à ceux du coupable ; la mort même ne peut franchir la barrière insurmontable que Dieu a établie entre le crime et la vertu.

O ! mon fils ! ne sois plus étonné du sombre désespoir qui m'agite ; je pleure Louis XVI, non, parce qu'il fut roi, mais parce qu'il fut juste. Ce front qui porta la couronne ne m'imposa point un prestigieux respect, mais le cœur qui renferma toutes les qualités d'un bon père, d'un époux tendre, excite encore toute mon admiration.

O mon fils! la nuit et le silence qui m'environnent ajoutent encore à ma douleur; je crains de succomber, viens me soutenir, je t'ai revu, mes mains ont senti tes douces larmes; je suis père et je ne veux pas mourir; l'incertitude de ton bonheur me poursuivroit jusque dans la tombe: accours, ô mon fils! mes genoux fléchissent, je me sens défaillir, mon cœur vacille dans mon sein, je vais expirer sur la tombe de mon roi.

Tourmenté par l'imagination la plus active, mon père voyoit à la fois tous les malheurs de Louis XVI. Il s'étoit éloigné ; je courus à lui ; mais il étoit tombé sur la pelouse sombre qui s'élevoit au-dessus du tombeau. Je veux le relever ; je sens sa main glacée : Dieu !.. quelle terreur j'éprouvai !.. je crus que tout mon sang se retiroit vers mon cœur ; deux fois j'étois prêt à le transporter sur le banc de pierre ; deux fois il s'échappa de mes bras, et je fus épouvanté du bruit que fit son corps en frappant sur la terre. Oh ! quelle situation déchirante ! où trouver des secours !

Comment appeler ! Un seul témoin, et je n'en doutois pas, pouvoit nous conduire à l'échafaud. Je me rappelai cet homme ensanglanté que l'on traînoit au corps-de-garde, parce qu'il avoit été trouvé près du cimetière. Oh ! que faire ! mourir avec mon père, ne plus quitter cette terre fatale et chérie, et périr au moins avec l'idée consolante d'unir ma dépouille mortelle aux cendres du plus malheureux des rois, du plus vertueux des hommes. J'étois dans cet état, quand le son d'une mélodie touchante vint me tirer de l'affreuse stupeur dans laquelle j'étois plongé. Je crois distinguer une voix de femme; mon vieillard pousse un soupir, le bruit cesse; et tout entier au plaisir de voir cesser le danger de mon père : Calmez-vous, lui dis-je, et reprenez vos sens; votre fils est dans vos bras. Venez vous reposer un moment sur ce banc de pierre.

Ne cherche point à me consoler, me dit mon père, en retrouvant ses sens; je me plais avec ma douleur; elle nourrit mon ame, elle est devenue mon premier aliment, et le jour où je serois privé de ces rêveries mélancoliques seroit celui de mon trépas. Mais garde-toi de me blâmer, et ne présume pas connoître

noître encore la moitié de mes tourmens. Je dois un premier hommage à mon roi. L'arbre utile qui environne nos plaines n'excite qu'un seul moment de regret, tandis que la chûte d'un cèdre nous épouvante. Mais si, pour moi, c'est un devoir de pleurer Louis XVI, mes regrets mélancoliques se promènent aussi sur tous les tombeaux qui nous environnent. Je vois les ombres errantes de ces milliers de victimes, toutes distinguées par leur courage et leur vertu. Ne crois pas même que la hache ait épargné ce sexe timide que le ciel semble avoir donné à l'homme pour l'aider à supporter les peines de la vie, et qui, trop délicat pour gouverner ou pour défendre l'état, ne devroit jamais être la victime d'aucun orage politique. Non... au pied de ces jeunes saules, dont les branches s'inclinent jusqu'à terre, et paroissent couvrir le gazon flétri, reposent deux femmes célèbres; l'une avoit reçu de la nature la plume de Deshoulieres : c'est l'épouse du malheureux Rolland. Je l'ai vu marcher à la mort avec dignité; son maintien avoit la fierté convenable à sa situation; et lorsque ses beaux yeux plongeoient dans la foule de ses bourreaux, tous fixoient la terre. Eh ! comment soutenir les regards de la beauté innocente, et marchant à la mort ! O monstres insensés ! vous traînez une épouse à l'échafaud : eh ! qu'a-t-elle fait ?.. Son devoir n'étoit-il pas de partager les opinions de son mari ? Quel mentor politique lui avez-vous donné pour l'éclairer sur vos infernales questions du gouvernement ? Vous ne respectez plus l'image de celle qui vous fit naître et vous nourrit. Et toi, bourreau mercenaire, quelle force le génie du mal t'a-t-il donc donné ? Comment as-tu pu faire glisser sur la fatale planche de la guillotine l'ouvrage le plus parfait de la divinité, une belle ſemme? Ces yeux tendres, ces lèvres vermeilles, cette voix argentine, ce sublime incarnat que la vertu conserve au moment de sa mort, rien n'a pu arrêter ton bras homicide. Tu as coupé la corde fatale, la hache a tombé, et ce que le ciel avoit formé pour être le délice de l'homme, va devenir la pâture des vers! ... O cruauté! jusqu'alors inconnue, pourquoi ne pouvez-vous sortir de ma mémoire? Ah! si le sanglant appareil des supplices poursuit ainsi le spectateur innocent, quels coups ne doit-il pas porter dans l'ame des coupables ; quelles sombres furies devront s'attacher à leurs cœurs? Féroces législateurs ! ah ! vous avez raison de réclamer la fraternité du bourreau, elle est digne de vos décrets : la guillotine est votre fauteuil de présidence, et les tigres épouvantés recevroient de vous des leçons de carnage et de férocité !

Epouse de Rolland, pourquoi n'as-tu pas fait entendre ta voix touchante? La foule attendrie auroit demandé ta grace ; Orphée ne dompta-t-il pas le chien à trois gueules ; Pluton sourit pour la première fois, et toutes les divinités cessèrent de secouer leurs torches incendiaires. Les accens mélodieux d'un époux désespéré, peuvent-ils avoir autant de force que les larmes d'une femme montant à l'échafaud? une épouse innocente et belle, auroit-elle encore moins d'empire ; et les Français sont-ils donc plus cruels que les habitans des enfers? mais que dis-je, ce doute est injurieux, Pluton n'est qu'un juge sévère et terrible, son dard de feu n'atteint que des êtres coupables ; et les Français égorgent les hommes vertueux et les femmes innocentes.

En achevant ces paroles : Mon père accablé de douleur reposa sa tête sur mon sein, ses larmes coulèrent en abondance, et nous demeurâmes long-tems dans cette position, expression muette des regrets les plus touchans ! Mon imagination étoit tellement frappée que je voyois cette malheureuse épouse étendue dans la terre foulée sous mes pieds : les vers avoient respecté leur pâture, et la pâleur de la mort ne faisoit qu'ajouter encore à sa beauté. Oh ! que n'ai-je le baume conservateur des égyptiens ; que ne puis-je transmettre à la postérité les dépouilles mortelles de l'épouse de Rolland ! Quelle impression éprouveroient nos neveux en touchant le cœur qui fut le siège d'une aussi douce éloquence et d'une réunion si touchante de sentimens vertueux !

Cependant mon père avoit cessé de pleurer ! un silence effrayant succéda à ses longs gémissemens ! O mon père ! lui dis-je, quelle est donc cette autre beauté dont les dépouilles touchent à celles de l'épouse de Rolland ! Comment méritera-t-elle l'honneur d'être étendue dans cette terre ?

O mon fils ! me dit mon père avec une espèce d'égarement, ne vois-tu pas à travers ces jeunes peupliers, une fille parée de la robe nuptiale ; ne distingues-tu pas la beauté de ses traits ; quel feu anime tous ses regards ! contemple cette démarche assurée ; vois-tu briller dans ses mains un fer étincelant ? comme elle est glorieuse de le porter !. Hercule traversant les forêts en portant les dépouilles du lion , Hercule avoit moins de raison de tirer vanité de son courage , que ne doit en avoir cette jeune fille : aussi comme sa tête est altière ; quelle noble sérénité brille sur son visage ! L'Europe armoit ses phalanges pour détruire les monstres révolutionnaires : Charlotte Cordai médite la mort d'un des chefs, l'Europe échoue et cette femme réussit. Quels moyens a-t-elle donc pour parvenir au pied du monstre? Elle habite une province éloignée; le jeune Barbaroux, son amant, vient de périr; ses parens dans la foiblesse de l'âge, s'opposeroient à son dessein plutôt que de le partager; elle ne peut acheter un vengeur, sa fortune suffit à peine à ses besoins. Qu'a-t-elle donc pour exécuter ce grand dessein?.... un poignard!... et du courage, cela lui suffit. Son œil a mesuré l'assassinat et l'échafaud; elle se dévoue et bientôt ce monstre qui, par la difformité de ses traits, annonçoit la laideur de son ame ; cet affreux cannibale qui trêmpa la plume dans le sang, et dont les feuilles soufflent le venin du crime et de l'assassinat ! Marat ! l'infâme Marat n'est plus !

Charlotte Corday n'a qu'un but, elle y marche sans cesse. En arrivant à Paris, son ame se retrempe d'une nouvelle imagination. Les cris féroces de la foule agitée, les soupirs qui s'échappent à travers les barreaux des prisons, retentissent dans son cœur ; elle a vu l'ensemble de ces nombreuses victimes, sa pensée a mesuré l'abîme ouvert sur les pas des Français. Assasin mercenaire, elle n'attendra pas que la nuit ait jeté sur la terre son voile lugubre et terrible : le soleil ne doit point frémir d'un pareil dessein ; c'est la divinité qui l'anime.

Elle marche seule avec son courage, la foule craintive de plats valets qui entourent le tribun populacier ne répond à ses demandes qu'avec incertitude et mystère : l'asile de la méchanceté, l'est aussi de la méfiance. Enfin, après mille questions, on cède à son impatience; elle entre, Marat sortoit du bain. La voir courir à lui, enfoncer le poignard dans son détestable cœur,

tout

tout cela fut fait en un moment. Charlotte Corday n'éprouve point le saisissement qu'un meurtre inspire ; ce n'est point un homme qu'elle vient d'immoler. Ainsi, quand les campagnes épouvantées frémissent de l'approche d'un tigre affamé, on voit le plaisir briller sur le visage du chasseur qui sut en délivrer les familles désolées.

Charlotte dévouée arrive au tribunal ; elle n'a point la confusion d'une accusée, son ame respire la sérénité d'un juge ; elle applaudit à l'accent fier et courageux de son défenseur. O monsieur, lui dit-elle, vous m'avez défendu d'une manière digne de vous et de moi. La sentence mortelle est prononcée, elle l'entend sans effroi, et conserve jusqu'au dernier moment son courage et son caractère.

O mon fils, ne te sens-tu pas pénetré d'étonnement et d'admiration? A travers la nuit qui nous environne, ne frémis-tu pas en voyant les jeunes peupliers qui s'agitent au-dessus de sa tombe? Ne crois-tu pas entendre les soupirs de sa famille? ces arbres, en se balançant, imitent si bien les accens de la douleur!

Je n'ose vous interroger, ô mon père! lui répondis-je; vous ne me parlez point de l'épouse de mon roi. La courageuse Antoinette a-t-elle échappé aux meurtriers de son époux ? la fille des Césars a-t-elle descendue du trône a l'échafaud ? Mon père ne répondit point ; un mouvement convulsif se fit en lui ; son silence m'effraya et m'apprit ce que je redoutois.

Pardonnez, lui dis-je, votre ame ne peut supporter tant de coups à la fois ; cessons un entretien déchirant, sortons pour jamais de ces lieux, évitons ces tombeaux. Comment soutenir l'aspect sinistre de tant d'horreurs ! un coin de terre bourbeux renferme une reine majestueuse. Non, mon fils, reprit mon père, la dépouille mortelle d'Antoinette ne fut point déposée dans le cimetière de la Madeleine, elle repose dans les tombeaux de Mousseaux; les barbares! auroient craint d'unir des cendres amies! ils n'ont point voulu donner à leur roi la consolation d'une même tombe avec son épouse; mais ils se rejoindront dans le ciel, et j'en ai la certitude.

Après la mort du roi, la faction assassine remporta une nouvelle victoire: au 31 mai, on vit la sottise dompter l'éloquence, une populace stupide et féroce, abaissoit dès long-tems Condorcet et Vergniaud, pour relever Robespierre et Marat ; dès lors, plus de frein, la première autorité de la nation avoit du moins jugé Louis XVI. Un tribunal d'assassins fit comparoître Antoinette ; on vit dès lors, ce qui deviendra l'effroi des siècles, un jeune enfant séduit pour être le délateur de sa mère. Oh ! que n'as-tu entendu la réponse sublime d'Antoinette ; Dieu l'a dictée, le ciel la pénétra en ce moment d'une telle dignité que les plumes vendues aux bourreaux furent encore forcées de louer cette reine courageuse. O mon fils, le croiras-tu !

l'infâme Hébert accusa Antoinette de pollutions indécentes avec son fils ; à ses yeux, le baiser maternel étoit un mouvement impudique ; ô mères ! redoutez de presser vos enfans sur votre sein, on reproche à une reine ces tendres mouvemens ; les élans de la nature seront changés en gestes de libertinage, et les bourreaux ont osé concevoir un crime qu'eux-mêmes n'oseroient commettre !

Antoinette, surprise, indignée de cette question abominable, regardant autour d'elle les enfans, les mères et les filles présens à son interrogatoire, sentit son front couvert d'une rougeur subite, et, loin de continuer ce scandale atroce, respectant, plus que ses juges, la chasteté de son auditoire, Antoinette ne répondit point à cette interrogation. Dieu ! quelle fut son agitation quand un infame jury répéta, le lendemain, l'accusation d'Hébert ! *Antoinette*, lui dit-il, *pourquoi ne réponds-tu pas à l'accusation du procureur de la Commune?* C'est que la nature s'y refuse, répondit Antoinette. Alors ses yeux se remplirent de larmes, et, se tournant vers l'auditoire, elle ajouta d'une voix flexible et touchante : *J'en appelle à toutes les mères qui m'entendent.* Ces paroles retentirent dans tous les cœurs; ses bourreaux même, honteux de pleurer, cachèrent leur visage dans leurs mains tremblantes; le murmure des sanglots se fit entendre long-tems, et les femmes se précipitèrent vers leurs asiles, pour gémir avec plus de liberté.

Cependant sa mort étoit jurée, elle ne devoit sortir du Temple que pour aller à l'échafaud; mais quel sanglant appareil! Louis XVI avoit été conduit dans une voiture; une charrette teinte du sang des victimes, voilà ce que l'on réserve à la reine de France! des hommes armés de piques, affublés d'un exécrable bonnet rouge, l'accompagnent au supplice; le bourreau, étonné, debout dans la charrette, promène ses regards sur la foule, et paroît glorieux de faire tomber une tête royale; un prêtre, tenant un crucifix, est à côté d'elle; Antoinette, les mains attachées sur le dos, le front ceint d'un simple bandeau, porte encore une tête altière, mais sa vue s'attache au ciel; une éclair fend la nue, ses regards s'animent, une rougeur subite colore son visage, un nuage d'azur brille sur sa tête, un météore enflammé s'élève avec rapidité, et du sein du nuage entr'ouvert je vois le portrait de Louis XVI, qui semble lui dire : courage, ma bonne amie ; le trône d'or t'attend, viens t'y placer avec moi.

Un étranger, surpris d'un tel appareil, frappé du calme et de la dignité de la figure d'Antoinette, demande : Quelle est cette femme? Un homme, enveloppé d'un manteau, le chapeau rabattu sur les yeux, lui répond d'une voix étouffée : *C'est la fille d'un empereur et l'épouse d'un roi de France !...* Tous deux s'échappent en couvrant leurs yeux baignés de larmes !...

La douleur, le désespoir de mon père avoient passé dans mon ame ; je n'osois regarder autour de moi, il me sembloit que les ombres plaintives me reprochoient leur souffrance ; je croyois voir les familles désolées, entourant ce lugubre cimetière, et chantant l'hymne de la mort sur la tombe de leurs parens égorgés. Je n'avois point encore osé interroger mon père sur le sort de la famille d'Amélie. Cependant l'auteur de sa vie occupoit une des premières places de la magistrature, une heureuse obscurité n'avoit pu le dérober au couteau révolutionnaire, il falloit qu'il fût victime ou qu'il devînt bourreau. Etrange perplexité ! Mon père paroissoit accablé, il murmuroit tout bas, et je crus entendre quelques mots d'une prière qu'il adressoit à l'Eternel en faveur de ces victimes. Je respectai son recueillement, et jetant les yeux vers le ciel, je crus voir encore le portrait de Louis XVI, tel qu'il avoit apparu à sa compagne marchant à la mort. Le bruit de cette romance plaintive qu'une voix charmante venoit chanter sur le tombeau d'un père ou d'un amant, se présentoit encore à mon imagination. Je me félicitois du silence qui régnoit autour de nous dans l'espé-

rance

rance que cette femme affligée reviendroit encore. Je joindrai mes larmes aux siennes, disois-je; quand tout-à-coup l'air me parut frappé de mille voix ! Entends-tu, me dit mon père, ce concert mélancolique ; les gémissemens de la veuve, les pleurs de l'orphelin, les soupirs d'une amante, se réunissent autour du cimetière de la Madeleine. Ce lieu devient l'asile de la douleur; toutes les nuits à cette heure, mes sens sont frappés de cette touchante mélodie. Quand j'ai pleuré sur le tombeau de ces chères victimes, on diroit que le ciel me répond, qu'il approuve mes larmes, et qu'il partage mes regrets. Je crois entendre *Garat* préluder la romance plaintive. Je crois voir le pinceau sombre du jeune *Guerin*, il vient étudier dans mes traits la douleur de son exilé : c'est au sein de ces tombeaux qu'il est venu prendre sa touche mélancolique et sublime. Artistes célèbres, qui remplissez l'ame d'une douleur délicieuse, réunissez-vous, lavez la tache de la terreur, par vos sublimes conceptions. Venez prendre sur les tombeaux de la Madeleine, ce feu sacré qui préside aux divines inspirations. O Méhul et Le Sueur, venez entendre le murmure de ces peupliers ; ils modulent des sons aussi doux que la flûte. Venez saisir la nature en deuil et peignez-nous sa tristesse sublime.

En ce moment, j'aperçus à l'angle du mur, au même endroit par où mon père avoit pénétré dans le cimetière, une ombre vacillante. Elle promène lentement sa vue sur tout ce qui l'environne ; elle touche la terre de son pied, comme pour reconnoître les nouvelles tombes. Tout-à-coup j'entendis un soupir ; interdit, épouvanté, à peine j'ose en croire mes yeux ; je réveille mon père de l'accablement profond dans lequel il me paroît tombé ; ne voyez-vous pas, lui dis-je, cette jeune fille à genoux, près de ce grand peuplier.... Eh bien ! me répondit mon père d'un ton égaré, cela t'étonne, ce sont les ombres plaintives des épouses, des mères et des amantes ; elles viennent exhaler leurs regrets, et mouiller la terre qui renferme les cendres de leur bien-aimé. Mais... ô ciel !.. quel nouveau prestige ! j'entends des sons tristes et touchans. Cette ombre a pris l'organe sentimental d'un ange ou plutôt de mon Amélie; ô feuilles agitées, suspendez votre léger murmure ! que rien ne m'échappe ; c'est une fille pleurant sur le tombeau d'un père ; quel spectacle peut arriver plus promptement jusqu'à l'ame ? quel tableau plus touchant convient à ma situation. Silence !... Silence !... elle parle.... j'écoute.

O mon père ! dit-elle, je n'ai pu suivre ton corps dans sa dernière demeure ; tes mânes se seroient indignés en voyant ta fille et ton bourreau fouler en même tems la terre qui te renferme !... je profite de l'obscurité des nuits ; je viens déposer sur ta tombe une couronne formée de soucis, de pavots et d'immortelles ; ces fleurs arrosées de mes larmes renaîtront peut-être, et si leurs racines pénètrent jusqu'à ton cœur , qu'il se réveille encore une fois ; que j'entende ta voix chérie m'appeler... et prononcer ce mot si tendre... ô ma fille !...

Dieu ! quelle est mon émotion !.. Quel rapport frappant, je crois entendre la voix de mon Amélie, je fais un mouvement. — Silence, me dit mon père, respecte cette jeune fille, c'est un crime de troubler les devoirs pieux.... Silence ! Ecoutons.... Ecoutons...

J'obéis à mon père, je me tais, je demeure immobile, mais mon ame est fixée sur cette ombre intéressante ; je la vois parcourir le cimetière ; elle s'arrête un moment sur la tombe de Louis XVI ; elle soupire, et ce son douloureux m'inspire un tressaillement universel ; elle retourne à la première tombe, et je l'entends chanter la romance suivante :

Romance de l'inconnue pleurant sur le tombeau de son père.

Astre des nuits, dieu des ténèbres,
Redouble ton obscurité,
Couvre de tes voiles funèbres,
Ce lieu par la mort habité ;
Respecte ma douleur amère,
Guide mes pas, protège-moi ;
Je viens pleurer la mort d'un père,
Je viens pleurer la mort d'un roi.

Retiens la lumière incertaine,
Que répand ton disque argenté ;
Il me faudroit cacher ma peine,
Si tu ne cachois ta clarté.
Respecte ma douleur amère,
Guide mes pas, protège-moi ;
Je viens pleurer la mort d'un père,
Je viens pleurer la mort d'un roi.

C'est à l'automne de leur vie
Que finit leur destin affreux ;
Tous deux adoroient leur patrie ;
Ils étoient bon pères tous deux.
O ciel, exauce la prière
Que t'adresse un cœur plein de foi.
Je viens pleurer le nom d'un père,
Je viens pleurer la mort d'un roi.

Pour trancher le fil de ma vie,
Quand la mort prendra son ciseau,
O Dieu ! qu'une fille chérie
Repose en paix dans ce tombeau.
Quand je boirai la coupe amère,
O justes Dieux, pénétrez-moi
Et du courage de mon père,
Et de la ferveur de mon roi.

L'écho du cimetière, accoutumé à ne répéter que des sombres gémissemens, fit entendre long-tems ces dernières paroles : l'enthousiasme religieux de l'inconnue, cette romance soupirée sur le tombeau d'un père, ces accens sombres et touchans, modulés par la douleur, les mânes plaintifs qui nous écoutent, les lugubres soupirs qui sortent de ces tombeaux, tout ajoute à l'impression que j'éprouve, et mon ame est plongée dans le vague d'une douce mélancolie.

Mon père soupire ; son œil est fixé sur la terre ; tout est calme ; j'observe long-tems ce qui m'environne, et je me crois transporté dans un monde idéal. O mon pays ! ô France déplorable, quel affreux changement ! Eh quoi ! les tombeaux sont devenus l'asile des cœurs honnêtes ! C'est en interrogeant la cendre des morts, que l'homme sensible peut trouver quelque adoucissement à ses maux, et ce n'est que dans l'entretien de ces illustres décapités que l'ame vertueuse rencontre un aliment propre à la nourrir. Si la terreur n'étouffoit le vœu de la nature, on verroit la France entière agenouillée sur les tombeaux du cimetière de la Madeleine. Accourez, familles malheureuses; venez soulager vos cœurs gonflés d'amertume; venez joindre votre voix à celle de cette belle affligée; elle est encore en prière sur cette tombe. Oh! quel tableau sombre et touchant! quel homme pourroit peindre cette foule empressée, attendrie; qui pourroit résister à cet ensemble de malheureux ; qui jamais auroit contemplé une réunion si digne de pitié ?

Accompagnée de quatre enfans en bas âge, et vêtus de deuil, ici l'on verroit la mère affligée ; elle interroge son époux sur ses devoirs. Comment élevera-t-elle sa famille ? elle a perdu le premier instituteur que donne la nature ; ces cendres muettes ne peuvent répondre à ses cris, et les larmes de ses enfans redemandent en vain leur père.

La tête penchée, les bras serrés sur la poitrine, marchant à pas lents, et portant une arme meurtrière, on verroit le jeune homme soupirer des regrets. En méditant la vengeance, la tombe de son père le remplit d'abord d'une nouvelle fureur; mais bientôt le silence du cimetière, l'aspect de la destruction, le murmure, des gémissemens pieux qui retentissent jusqu'à lui, tout remplit son ame d'un autre sentiment. La ferveur succède à la pitié; il sent que, pour venger son père, Dieu n'a pas besoin de son foible bras, et que les méchans n'échappent point à sa vengeance : alors, un baume consolant coule sur son cœur : la haine est un sentiment pénible; le voilà dégagé de son poids accablant, et sa voix pieuse se mêle aux pleurs des familles qui l'entourent.

Mes yeux demeuroient toujours fixés sur cette jeune fille pleurant son père et son roi, son plus léger soupir ne m'échappe point, mon cœur le répète avec transport; je ne puis chasser de mon ame le souvenir que cette voix a rappelé: l'image d'Amélie l'occupe toute entière. L'inconnue fait un pas, une invincible curiosité m'agite, je marche sur la pointe du pied, je crains de presser le gazon flétri qui désigne les tombeaux; je tremble sur-tout que le bruit n'épouvante cette fille chérie ; je me rappelle la leçon de mon père : c'est un crime, a-t-il dit que de de troubler un aussi saint devoir ; mais je cède à mon impatience, à mon pressentiment ; je veux la voir !... que sa physionomie doit être belle ! Quelle douce langueur sera répandue dans tous ses traits ; combien sa douleur doit ajouter à sa beauté !... Je me cache derrière l'angle du mur vers lequel elle approche ; déja la nuit s'éloignoit de la terre, et les premiers rayons du soleil commençoient à faire distinguer les objets. Non... ce n'est point un prestige de l'imagination, une créature céleste a pénétré dans le cimetière de la Madeleine; elle approche !... Je vais la voir !... ô Dieu !... quel sombre mystère m'est dévoilé ; amour, donne-moi la force de supporter ma surprise et mon émotion !..... Je reconnois mon Amélie ; c'est elle, c'est mon amante adorée qui vient de pleurer sur le tombeau de son père ! Je l'arrête..... elle jette un cri ; ne crains rien, lui dis-je, en me jetant à ses genoux, reconnois St-Julien, ton amant, il vient joindre ses larmes aux tiennes;

il vient t'offrir son bras pour venger le trépas de ton père! O mon ami, répondit Amélie d'une voix attendrie, ne parle jamais de vengeance en ces lieux, ses manes plaintifs ne te demandent que des regrets, une larme leur plaît davantage que des flots de sang. C'est bien assez que la haine tourmente la vie, elle ne doit pas aller au-delà du tombeau.

Mon père avoit entendu le cri d'Amélie; il accourt, quelle est sa surprise, oh! comment peindre cette reconnoissance mystérieuse, comment tracer à-la-fois tous les sentimens qui nous agitent!... O mon fils, je ne t'ai point appris la mort du père d'Amélie, mais tu la devinois, sans doute : les bourreaux auroient-ils pu pardonner à ce digne magistrat soixante ans de vertu et d'intégrité. Je l'ai vu tomber aussi, ce vieillard vénérable. Son ame est dans le ciel. Réunissons-nous, et pleurons tous trois sur sa tombe. O vertueuse Amélie ! que j'aime à vous voir en ce lieu funèbre, brillante de toutes les graces de la nature ; rien ne vous distrait de votre douleur ; vous bravez le danger pour honorer la cendre d'un père, votre conduite doit servir d'exemple. O filles dénaturées !

vous qui perdez dans un bal le souvenir de la mort de vos parens égorgés ; vous qu'un ruban distrait de la perte d'un père ; vous qui écrivez vos regrets sur le sable mouvant, voyez Amélie, et rougissez.

Mon fils, une main invisible nous a réunis dans ce cimetière ; le père d'Amélie te destinoit sa fille, viens du moins recevoir sa main sur son tombeau, le tableau de votre bonheur manque encore à son repos. Du haut de la voûte éthérée, il nous voit ; il étend son bras paternel, et donne la bénédiction à sa fille. Remplissez ses desirs, prévenez les vœux qu'il forme encore pour vous : soyez à jamais unis, l'ombre de Louis XVI préside encore à vos nœuds. Le voyez-vous, il sort de sa tombe; que sa figure est pleine d'hilarité, comme la bonté est peinte dans tous ses traits ; il approche, il vous dit : Soyez heureux; la mort n'a rien changé, et pour le cœur de Louis XVI, le spectacle le plus doux, c'est le bonheur des Français. Mais le bruit des enclumes, le chant du coq, le son du tambour, le roulement des énormes diligences qui brisent les pavés, les chansons de l'ouvrier laborieux, tout annonce le réveil du jour. Craignons qu'on ne nous surprenne en ce lieu proscrit. La France a des lois qui défendent la pitié, les larmes d'un sujet attendri se changent en décrets d'accusation, et la prudence nous ordonne de quitter le cimetière de la Madeleine.

FIN.

www.ingramcontent.com/pod-product-compliance
Ingram Content Group UK Ltd.
Pitfield, Milton Keynes, MK11 3LW, UK
UKHW021037230726
13926UKWH00004B/1527